# Kunsten at elske sig selv

Fem enkle trin til mere selvværd

# Selvværd

Hvem er du?

Du vil opdage at det er overraskende svært at svare på så simpelt et spørgsmål. Det skyldes blandt andet, at man mangler den distance til sig selv, der kan give et nøgternt overblik.

En anden årsag er, at vi har en tendens til at acceptere den opfattelse andre har af os og gøre den til en urokkelig sandhed. Du kender uden tvivl familiemedlemmer som har et stempel i panden: hun er den sjove i familien, han er altid så sur, de kommer altid for sent. Der er nok noget sandhed i de sætninger. De er som regel baseret på folks erfaringer, men de er jo ikke hele sandheden.

Hvis du skal fortælle hvem du er, er det så andres beskrivelser af dig du først tænker på?

Eller har du en klar fornemmelse af din egen personlighed, dine stærke og svage sider, hvor dine grænser går?

Du skal ikke fortvivle hvis du føler dig lidt blank. Det er ret almindeligt. Men så har du en fornemmelse af hvad dit næste projekt kan være: at lære dig selv at kende. Det er nemlig første skridt på vejen til at få større selvværd.

Der er skræmmende mange mennesker der kæmper med lavt selvværd i dag, og samtidig er der en opblomstring i manges selvtillid.

Hvad er forskellen på de to begreber? Man kan helt kort sige at *selvværd* er troen på egen værdi, og *selvtillid* er troen på egne evner. Man kan sagtens have en rimelig selvtillid uden at have et sundt selvværd, men man kan ikke have et sundt selvværd uden også at have et rimeligt mål af selvtillid.

At have et sundt selvværd er ikke det samme som at have for høje tanker om sig selv. Det betyder bare at man ved med sig selv at man har en god og fornuftig kerne. Og i takt med at man lærer sig selv godt at kende, vil man opdage at der er ting der overrasker.

Det er faktisk en fordel. Tænk på din bedste ven: synes du ikke det er spændende at opdage nye facetter hos ham eller hende? Det samme kan du opdage hos dig selv. Ja, du kan faktisk blive din egen allerbedste ven.

Måske synes du det lyder selvoptaget. Det er det også – men på den gode måde. Det er et faktum, at hvis du vil være en god ven for andre, er du nødt til først at være en god ven for dig selv. Du kan ikke fuldt ud elske andre, hvis du ikke kan elske dig selv.

Mange vil være uenige med mig i den påstand. Men tænk over det: kan du virkelig vise uselvisk kærlighed og ægte omsorg for en anden, hvis du samtidig taler hadsk til dig selv, og kan remse alle de fejl op du har begået i årenes løb?

Synes du ikke at det har noget med hinanden at gøre? Så prøv at komme i tanke om en der er anstrengende at være sammen med, selv om vedkommende hele tiden bedyrer sin kærlighed til dig. Det kan være en som konstant kritiserer dig, men som insisterer: "Jeg siger det kun fordi jeg vil dig det bedste! " Køber du den?

Jeg tvivler ikke på at vedkommende elsker dig efter bedste evne, men jeg tænker at hun måske ikke elsker sig selv særligt højt. For så tror jeg hun ville vide hvor tyngende den slags omsorg er. Hun ville næppe bryde sig om konstant overvågning og kritik selv, og derfor ville hun heller ikke byde andre det.

Optimalt skal kærlighed være som næring der får dig til at gro. Et sikkerhedsnet der giver dig mod til at række ud efter noget større. En forvisning om, at du er elsket som du er, og at du har et kæmpe potentiale at arbejde hen mod. Med andre ord: optimal kærlighed er lig med frihed. Ville det ikke være fantastisk at føle sådan?

Vi kommer ikke allesammen fra ideelle forhold. Selv om vi burde have den slags kærlighed og frihed med os i bagagen, er der alt for mange der i stedet har kufferten fyldt med tvivl, frygt og endda selvhad. Det er lammende.

Desværre kan man ikke skrue tiden tilbage, og det er heller ikke muligt at ændre på andres adfærd. Alligevel kan vi alle sammen – hver og en – få optimal kærlighed. *Vi kan lære at elske os selv.*

Start med en simpel øvelse: tag en stykke papir, lav to kolonner. I den ene skriver du mindst 5 ting du godt kan lide ved dig selv. I den anden skriver du højst 5 ting du ikke kan lide ved dig selv. Jeg gætter på at du har lettere ved at skrive de negative end de positive ting. Har jeg ret?

Det skal du ikke være ked af. Start med at meditere lidt over de positive ting du har skrevet. Forestil dig at du har skrevet om en anden person. Kunne du tænke dig at være venner med vedkommende?

Gå dernæst til de negative ting. I stedet for at bruge den liste til at slå dig selv oven i hovedet, så betragt den som en arbejdsliste. Det er nemlig ting du har magt til at ændre. Lad være med at blive overvældet ved tanken. Vælg et punkt ad gangen og læg en plan for, hvordan du kan ændre det.

Lad os antage at du har skrevet på listen at du er dårlig til at tage imod kritik. Det kan medføre mange konflikter. Og jeg kan fortælle dig noget her og nu: ingen af os synes om kritik. Det er et faktum. Vi gør tingene så godt som vi kan, og så er det ikke rart at nogen fortæller os at vi burde gøre det bedre.

Når det er sagt, så er der nogle enkle ting du kan gøre for at undgå at fortvivle eller blive så vred, at du brænder broer når du får kritik.

Først og fremmest: *lyt til budskabet mere end til ordene.* Er der noget du kan lære af kritikken, også selv om den måske bliver sagt uvenligt? Hvis der er, så bliver du stærkere af at tage den til dig.

Hvis vedkommende har ret, betyder det så, at du er uduelig og at du skal give plads til at alle de ubehagelige stemmer i dit hoved? Nej. Dem skal du aldrig gøre plads til. De er nemlig ikke konstruktive.

Hvis du kan se at der er noget du kan forbedre, så gør det. Hvem vil ikke gerne blive bedre til noget?

Prøv at se tilbage. Du har uden tvivl lært meget i løbet af de sidste 10 år. Og du kan lære meget mere de næste 10. Kunne du tænke dig at gå tilbage til den version af dig selv fra dengang? Det kan godt være at du kunne tænke dig at få nogle fysiske træk tilbage, men hvis du skulle ændre det hele tilbage til det det var, ville du så have lyst?

De fleste af os ville ikke skrue tiden tilbage, hvad vores livserfaring angår. Forestil dig så, hvor meget du kan lære i løbet af resten af dit liv.....

Se dig selv som et fremadskridende projekt – endda et meget vigtigt et. Sæt dig som mål at blive en person du selv gerne ville være ven med. Hvad vil det indebære?

Denne bog kommer ikke udtømmende ind på alle de måder du kan forbedre dit selvværd på. Det er ikke en psykologisk afhandling. Formålet med den er at prikke lidt til dig og sætte dig i gang med en udvikling mod større selvværd.

Du vælger selv hvor meget du vil arbejde med emnet. Hvis du er virkelig seriøs, kan det være du skal finde yderligere ressourcer. Men du kan faktisk nå ret langt selv ved hjælp af nogle få ændringer i dit liv og din måde at opfatte dig selv på.

Her kommer en liste med fem vigtige trin du kan tage:

- **Beslut dig hvordan du vil være**
- **Tag ansvar for dit liv**
- **Lær taknemmelighed**
- **Sæt en nedre grænse for hvor lavt du vil synke**
- **Vælg venner der støtter dig i dine mål**

# Beslut dig
# hvordan du vil være

Kan du lide dig selv? Hvis ikke, laver du så om på noget?

Din personlighed er en blanding af medfødte træk og de erfaringer livet har givet dig. Derfor lyder det måske mærkeligt at du kan lave om på dig selv og beslutte dig hvordan du vil være. Men du har faktisk stor indflydelse på hvordan du vil bruge de egenskaber du har.

Det betyder ikke at du skal blive til en anden person end den du er. Men hvis du prøver at se dig selv så objektivt som muligt, får du en ide om, hvem du er lige nu. Det kan godt overraske dig! Derefter kan du vælge at skrue op for nogle karaktertræk og ned for andre.

Helt praktisk kan du igen tage et stykke papir og skrive en masse egenskaber op – alle dem du kan komme i tanke om. Husk at skrive både positive og negative egenskaber på listen.

Derefter kan du lave en cirkel omkring dem der beskriver dig selv (husk at være ærlig!). Skriv dem nu over på et nyt stykke papir og giv dig god tid til at se på dem. Har du været ærlig? Er der både gode og mindre gode ting på listen?

Når du kigger på listen, viser den så en beskrivelse af en person, du har lyst til at være venner med? Det bør helt klart være dit mål. Det er nemlig altafgørende for dit selvværd at du er din egen bedste ven!

Er der nogle af egenskaberne du er godt tilfreds med? Så beslut dig for at dyrke dem. Det er faktisk det letteste sted at starte, for det er jo noget du allerede er god til.

Mange gange vil det at dyrke dine gode sider, helt af sig selv lægge en dæmper på dine mindre gode.

Formålet er ikke at du skal blive fejlfri og perfekt. Tro mig, det er der ingen der er. Der er faktisk megen værdi i at erkende det og i at rumme sine egne mindre heldige sider. Det kommer jeg nærmere ind på senere.

Har du mødt mennesker som gjorde dig usikker, fordi du ikke rigtigt kunne læse dem? Måske havde du en klar fornemmelse af, at de ikke var helt ærlige med hensyn til hvem de var. Hvis du mangler selvværd, kan det så skyldes, at du heller ikke er helt ærlig over for dig selv med hensyn til hvem du er?

Det er overraskende svært at lære sig selv at kende. Man skulle tro at det kom helt naturligt, men sådan er det ikke. En af årsagerne er som nævnt at man ikke kan have samme objektivitet over for sig selv, som man kan have med andre. Man mangler afstand.

En anden årsag kan være at det simpelthen gør for ondt at være ærlig – helt ærlig – over for sig selv. Det indebærer jo at man skal tage ansvar og være villig til at arbejde med sig selv, hvilket virker skræmmende på mange.

Der findes mange fine citater, der alle handler om at man ikke opnår noget uden et vis mål af smerte. Man skal med andre ord træde et skridt ud af sin komfortzone for at flytte sig. Hvis man gør det, man plejer, sker der det, der plejer. Det er udtrykt på mange måder og af mange mennesker, og det er både logisk og sandt.

Hvordan omsætter man det så i praksis? Først skal du analysere dig selv lidt, finde ud af hvor du af vane har sat dine grænser.

Hvilke situation skræmmer dig og får dig til at gå i stå? Kan du finde ud af, hvorfor du reagerer sådan? Er det absolut nødvendigt for dig at stoppe der, eller er det mest noget du har vænnet dig til i årenes løb? Hvad er det værste der kunne ske, hvis du tager et skridt videre?

Måske opdager du at du faktisk ikke kan svare på de spørgsmål. Så brug lidt mere tid på at tænke over dem, for de er vigtige for dit selvværd.

Hvis du opdager at dine grænser mest handler om vaner, så er det relativt enkelt at flytte dem lidt. Hvis du føler at din grænse har en reel årsag, så forestil dig hvad der sker, hvis du flytter den.

*Føles* det farligt? Uden tvivl. *Er* det farligt? Nej, tværtimod!

Ind imellem kan dine grænser ligne fobier. Det kan næsten udløse panikanfald at tænke på at ændre dem. Accepter det, men du skal vide, at du er stærk nok til at udfordre dig selv.

Det værste der kan ske, er at du må erkende at du ikke er klar endnu. Hvis det er tilfældet, kan jeg love dig at du *vil* være klar senere, hvis du virkelig ønsker det.

Det allerbedste der kan ske, er at du opdager at din styrke og dermed dit selvværd vokser. Det er den fedeste følelse i verden!

Du behøver ikke gå hurtigt frem. Hvis det skal nå dybt ind, tager det lidt tid. Men for hver gang du rykker dig fremad, skal du huske at rose dig selv. Det kræver lidt øvelse, men du behøver ikke vente på at andre anerkender dine fremskridt – gør det selv!

I det hele taget er det meget vigtigt, at du ændrer på de stemmer du har i hovedet. Hvis de har for vane at være negative, så lær dem at sige noget positivt i stedet. Det er ikke så svært som det lyder. Tag "Ole Henriksen" metoden i brug: Se dig selv i spejlet hver dag og sig noget positivt om dig selv højt og tydeligt. I starten vil du føle dig fjollet, men du kan gøre det til en vane, der vil give dig en god start på dagen.

Det at du kan rose og anerkende dig selv, betyder i øvrigt også, at du bliver bedre til at rose og anerkende andre omkring dig, og det spreder sig som de velkendte ringe i vandet.

For at starte din nye rute mod bedre selvværd, kan du udfylde spørgeskemaet på næste side.

**Arbejdspunkter:**

*Hvordan er du som person?*

*Hvordan vil du gerne være?*

*Hvilke mål skal du sætte for at nå dertil?*

# Tag ansvar for dit liv

Livet kan være kompliceret. Vi har alle sammen noget bagage med, som kan veje tungt. For nogle betyder det, at deres opvækst har givet nogle knubs, fordi deres forældre ikke magtede at give dem den kærlighed og tryghed vi alle har brug for.

Det er fristende at pege fingre og placere skylden for manglende omsorg. Spørgsmålet er om der kommer noget positivt ud af det.

Hvis dine forældre har været ligeglade med dig eller har skadet dig bevidst, så er det på sin plads at gøre op med dem og din smertefulde barndom. Men hvis du erkender, at de selv er skadet af deres baggrund, så er det vigtigere at du fokuserer på at hele dig selv.

Kender du talemåden: Når livet giver dig citroner, så lav lemonade (eller min favoritudgave: så bed om salt og Tequila!)? Mit eget motto er: Du er, hvad du gør ved det, andre gør ved dig.

Begge versioner handler om at tage ansvar for sit eget liv. Du er ikke ansvarlig for om andre har skadet dig, men det er dit ansvar om du kommer videre.

Her kan jeg høre nogle skumle og forbande mig. Og jeg vil give dem ret i, at der er mennesker der har slået sig så meget på livet, at de ikke kan forventes at hele sig selv. Det er ikke dem denne bog er henvendt til. De har brug for professionel hjælp og jeg ønsker dem alt det bedste fremover.

Men eftersom du sidder med denne bog i hånden lige nu, går jeg ud fra, at du er i en forfatning hvor du kan tage hånd om dit eget liv. Og så er der ikke andre steder at placere ansvaret for hvordan det kommer til at gå med dit liv, end hos dig.

Lad mig understrege at der er stor forskel på begreberne Ansvar og Årsag. Måske ved du præcis hvem der er *årsag* til dine selvværdsproblemer. Det kan være en mor, der ikke elskede dig nok, en far, der var aggressiv, en kollega, der fik dig helt ned med nakken eller noget helt fjerde. Det kan du ikke lave om på. Men tag selv *ansvar* for dit liv, så du kan rette op og komme videre.

I bund og grund handler det om, hvorvidt du ser dig selv som et offer eller ej. Hvis du gør det, så kommer du ikke videre, før du er blevet overbevist om, at du er stærk nok til at rejse dig og gå fremad.

Vær bevidst om, at du ejer dit liv! Du har kun dette ene liv, og det er så trist hvis det skal bruges på at sørge over de slag du har fået og de chancer du har misset.

Hvis du opfatter dig selv som et offer, vil du give din smerte og handlingslammelse videre til dine børn. Det har altså langtrækkende konsekvenser *ikke* at rejse sig og børste smerten af.

Hvordan kommer man så videre efter at være blevet skudt ned følelsesmæssigt? Nøglen er tilgivelse. Det vil skurre i nogens ører, det ved jeg. Hvorfor skal man tilgive mennesker som har såret en og måske ødelagt ens liv? Ganske enkelt, fordi det har skræmmende konsekvenser hvis du ikke gør!

*Så længe du ikke kan tilgive dem der har såret dig, giver du dem fortsat magt over dit liv.* Du giver dem tøjlerne og lader dem afgøre om du skal have et godt og glædesbringende liv eller ej. Har de fortjent det? Har du?

Tilgivelse handler ikke altid om at glemme hvad der er sket og fortælle dem der har påført dig smerte at de ikke skal bekymre sig mere om det.

I denne slags situationer handler det om at klippe de bånd der binder dig fast til tunge minder og tanker og bitterhed.

Hjælp dig selv til at forstå, at fra nu af får den skyldige ikke længere din opmærksomhed. Du er færdig med at hænge fast i fortiden, for du har vigtigere ting at foretage dig, og fra nu af tager du dit liv tilbage.

Du glemmer nok ikke det der er sket, men mentalt set finder du den fjerneste skuffe i din hjerne, og der placerer du de dårlige minder. De behøver ikke længere være tilgængelige, for du skal ikke bruge dem til noget.

Når du er nået så langt, så ros dig selv, for det er et kæmpestort og vigtigt skridt du har taget!

Og så skal du huske at tilgive dig selv også. For hvis du har lavt selvværd, så er jeg sikker på, at du har en lang liste i dit hoved over fejl du har begået. Krøl den liste sammen og placer den i samme fjerne skuffe, af samme grund: du skal ikke bruge den til noget mere.

Hvordan tilgiver man sig selv, vil nogen spørge? For det kan til tider være endnu sværere end at tilgive andre.

Der findes sikkert flere metoder. For mig fungerer det at se tilbage på en situation hvor jeg har dummet mig, og så spørge mig selv, om min fejl blev begået med ond bagtanke eller på baggrund af manglende viden. Her er det vigtigt at være helt ærlig over for sig selv.

Hvis du erkender, at din agenda var dårlig – at du for eksempel var ude på at såre nogen – så må du påtage dig ansvaret for det. Det betyder at du har noget at arbejde på. Måske indebærer det at du skal give vedkommende en oprigtig undskyldning, før du kan komme videre. Derefter kan du glæde dig over, at du er blevet en bedre udgave af dig selv siden da, og så tilgive dig selv.

Måske begik du fejlen på grund af ren og skær dumhed. Med det mener jeg, at du ikke forstod konsekvenserne af det du havde gang i. Kan man anklage nogen på grundlag af manglende erfaring og forståelse? Egentlig ikke. Derfor må du glæde dig over at du er blevet klogere sidenhen, og så tilgive dig selv.

Nogle dumheder bliver begået, fordi andre manipulerer med en. At manipulere betyder egentlig at skubbe til nogen, altså at flytte dem mod deres vilje eller viden. Det er en ret usympatisk ting i de fleste tilfælde.

Hvis du føler, at du tit bliver overtalt til noget du egentlig ikke har lyst til, så øv dig i at gennemskue den slags. Hvis andre opfordrer dig til noget, så mærk efter om det er noget du vil gå med til *inden* du gør det. Det kræver lidt øvelse, men du vil få det en hel del bedre med dig selv, hvis du ikke bare blindt følger andre.

Manipulerer du selv med andre? Måske er du ikke engang bevidst om det. Mange er mestre i at få deres vilje gennemført ved at lokke, presse eller klynke til andre giver efter. Hvis et ærligt tjek afslører at du er en af dem, så har du her et arbejdspunkt. Spørg dig selv om det virkelig er rimeligt, at lige netop du skal have tingene gjort på din måde hver gang.

At tage det fulde ansvar for sit liv indebærer også, at du ikke kan forvente at andre skal gøre dig lykkelig. Det kan de nemlig ikke. De kan øge din livskvalitet eller trække den ned, men i alle tilfælde handler lykke om at have en grundlæggende tilfredshed med sit liv, og det er kun dig selv der kan skaffe den.

Du kender det uden tvivl godt: de ting du har købt efter at have sparet op til dem, værdsætter du sandsynligvis mere end dem du har fået foræret. En af årsagerne til det er at du fortjener det du selv har skaffet dig. Det samme gælder dit liv. Hvis du tager det fulde ansvar for det – også for din egen lykke – så har du fortjent den. Det giver øget selvværd.

**Arbejdspunkter:**

*Hvad har du med i bagagen?*

*Hvem har du brug for at tilgive?*

*Hvad skal du tilgive dig selv for?*

# Lær taknemmelighed

Taknemmelighed er en meget vigtig ingrediens i arbejdet hen imod større selvværd. Det er en egenskab som gavner både humør og helbred, og fordi fokus bliver rettet mod andre, hjælper den dig selv. Lyder det mærkeligt i dine ører?

Hvis du har for vane at tage alt negativt ind og lade det farve din dag, så ved du sikkert godt selv, at det giver dårligt humør. Det har en tendens til at sprede sig, for hvis du er irriteret, vil det smitte af på den måde du omgås andre. Det vil føre til at deres humør bliver ødelagt, og deres reaktion vil fodre din nedtur.

Kender du anekdoten om chefen der sov over sig? Han nåede ikke at få morgenmad, og da han ankom til sin arbejdsplads, var hans parkeringsplads optaget. Han var vred da han trådte ind på kontoret. Hans sekretær hilste venligt på ham, men han ignorerede hende totalt. Det gjorde hende i dårligt humør, så da kantinedamen spildte hendes kaffe, fik hun et møgfald over den elendige kvalitet kaffe der var blevet indkøbt. Kantinedamen lod det gå ud over køkkenhjælperen, der lige havde haft et kæmpe skænderi med sin mand. Da hun så kom hjem, var hun så frustreret at hun forlangte skilsmisse. Alt sammen fordi chefen havde sovet over sig.

Nu er det her en anekdote, og derfor er tingene sat på spidsen. Men virkeligheden er ikke så meget anderledes, for vi smitter hinanden med vores humør.

Lad os forestille os samme historie, men med en chef der har en taknemmelig indstilling til livet. Han ville være glad for at p-pladsen ved siden af var ledig og at han kunne få morgenmad i kantinen. Han ville hilse venlig på sin sekretær, som igen ville smile til kantinedamen og tilgive firmaet den dårlige kaffe. Køkkenhjælperen ville ikke få skældud, og måske ville det betyde at hun fik ro i sindet til at finde en løsning på sine ægteskabelige problemer.

Igen er tingene sat på spidsen, men mønsteret fungerer altså også i din verden.

Hvis man opdyrker taknemmelighed, vil man meget lettere få øje på de positive ting omkring sig, og dermed vil de negative ikke fylde så meget. Det gør, at man føler større tilfredshed med sit liv, og den følelse spreder sig i ens omgivelser. Derfor kommer man ind i en positiv spiral, og hvem ville ikke gerne det?

Jeg påstår også at taknemmelighed vil gavne dit helbred. Der er i mange år blevet forsket i sammenhængen mellem følelser og helbred, og det er helt klart, at de to ting har indflydelse på hinanden.

Her vil jeg skyde ind at jeg på ingen måde påstår at man er et utaknemmeligt menneske der selv er skyld i sygdom, hvis man hører til dem der slås med skavanker. Det er langt mere kompliceret end som så. Men ens indstilling, til de ting der rammer en, kan have meget stor indflydelse på mulighed for helbredelse eller bedring.

(Det er et veldokumenteret og spændende emne som jeg vil opfordre dig til at undersøge nærmere, hvis du vil vide mere.)

Så hvad vil det sige at være taknemmelig? Den Danske Ordbog bruger synonymer som "at værdsætte, at påskønne, at anerkende, at prise sig lykkelig".

Med de ord i baghovedet, hvad føler du dig så taknemmelig over? Måske skal du bruge lidt tid på at tænke dig om, men du vil uden tvivl opdage at du har meget at værdsætte i dit liv, uanset hvor kringlet du synes det er lige nu.

Et godt sted at starte, er at skrive de ting ned som du påskønner i dit liv. Har du gode venner? En sød kæreste? Et godt job? Et rimelig helbred? Et dejligt sted at bo? Det er ikke sikkert du kan tjekke alle disse ting af, men så kan du finde andre ting du kan være taknemmelig for.

Jeg gætter på at du hurtigt kunne skrive en liste over ting der irriterer dig eller gør dig ked af det. Lad være med det – den kan du ikke bruge til noget. Prøv i stedet at øve dig i at opleve de gode ting der *helt sikkert* er i dit liv.

Det er måske lettest at starte med de små ting. Flere har foreslået at man ved slutningen af hver dag, skriver fem gode ting ned der er sket den pågældende dag. Det kan være simple ting som at man købte det lækreste brød hos bageren, eller at skyerne på himlen var usædvanligt smukke, eller at en god veninde gav det bedste kram.

Det vil hjælpe dig til at gøre det til en vane at fokusere på de goder du har, og det vil give dig mere ro og glæde og også mere selvværd. Du vil begynde at tro på at du har en god tilværelse, trods nedture en gang imellem, og at dit liv – og du – har stor værdi.

Jeg ved det lyder simpelt, og det er det faktisk. *Det er dog ikke det samme, som at det er let og hurtigt.* Men det kan lade sig gøre at ”programmere” sin hjerne til et mere positivt fokus.

Et lille eksempel fra hverdagen: Har du prøvet at købe en bil? Lad os sige at du har købt en Mazda. Har du opdaget at du pludselig ser biler af samme mærke overalt? Du havde næppe forestillet dig at der var så mange Mazda´er i din by!

Det er jo ikke fordi alle andre gik ud og købte en Mazda samme weekend som dig. Det skyldes at din hjerne nu er fokuseret på netop det bilmærke, og derfor er du opmærksom på alle de biler du før ignorerede.

Det beviser at du kan ”opdrage” din hjerne til at skifte fokus. Det kan du bruge til at opnå større selvværd. For i takt med at du opdyrker taknemmelighed, vil du også forstå at du har flere ressourcer end du var klar over. At dit liv har mening. At du er værd at elske – også af dig selv.

Når du bliver opmærksom på de positive ting i dit liv, kan du bruge det til at hjælpe andre omkring dig. Du er nemlig ikke den eneste, der kæmper med lavt selvværd.

Træn dig selv i at vise din nyfundne taknemmelighed. Sig tak når nogen gør noget for dig. Hils med et smil på den effektive rengøringsdame du passerer hver morgen på dit job. Sig tak til den stressede buschauffør, fordi han ventede på dig. Ros kantinedamen for det lækre smørrebrød.

Du vil helt enkelt gøre din verden til et bedre sted på den måde, og jeg lover dig at det vil komme tilbage til dig. Lad det komme an på en prøve!

**Arbejdspunkter:**

*Hvad står der på din taknemmelighedsliste?*

*Hvem kan du sige tak til?*

*Hvordan kan du give din taknemmelighed videre?*

# Hav en nedre grænse

For at have et sundt selvværd er det helt nødvendigt, at du til enhver tid kan se dig selv i øjnene. Du skal kunne stå ved den du er på godt og ondt. For mange er det et vanskeligt niveau at nå til.

I første del af denne bog blev du opfordret til at lære dig selv bedre at kende. I den proces har du sandsynligvis opdaget dine mørke sider. Sådan nogle har vi alle sammen. Det er okay, så længe du styrer dem og ikke omvendt.

Hvad er mørke sider? Det varierer fra person til person. Helt kort kan man definere dem som de dele af din personlighed der trækker dig ned og gør dit liv vanskeligere, ikke bedre. Egenskaber som du ikke skal anstrenge dig det mindste for at få op til overfladen, men som kun gør dig trist eller sur.

Det er selvsagt ikke særligt sundt eller meningsfuldt at dvæle for meget ved dem. Men du kan heller ikke fjerne dem helt. Derfor gælder det om at erkende at de er der, og så sørge for at de ikke fylder ret meget. De vil nemlig stjæle dit selvværd.

Hvordan får man mørke til at fylde så lidt som muligt? Mest effektivt er det at arbejde hen imod de lysere sider af dig selv – dem der gør dig gladere og gør dit liv bedre. Jo mere de dominerer, jo mindre plads er der til det negative.

En stor del af lavt selvværd handler om at slå sig selv oven i hovedet over de fejl man har begået. Som nævnt tidligere her i bogen, er det ikke hverken sundt eller nødvendigt. Men man kan undgå at begå mange af de fejl ved at definere en nedre grænse for hvor lavt man vil synke.

Hvad vil det sige i praksis? Gør for eksempel op med dig selv hvad du vil tillade dig selv at gøre i et skænderi. Er det okay at kalde andre for grimme navne? Er det i orden at sige sårende ting som man måske ikke engang mener for at få en "sejr"? Er det måske endda tilladt at slå?

Det er fristende at give los når man bliver virkelig vred. Men hvordan ser slagmarken ud bagefter? Brænder du broer? Skal du igennem et større projekt med at sige undskyld for at rette op på tingene?

Hvis det her skal lykkes for dig, skal du træffe beslutningen om hvor din nedre grænse går i fredstider. Og så skal du være forberedt på, at det også er et projekt der tager lidt tid. Men det kan lade sig gøre – jeg taler af erfaring!

Det er dræbende for dit selvværd, hvis du må erkende at du ikke har nogen nedre grænse. Så vil du have rigeligt med ammunition, når de ubehagelige stemmer i hovedet går i gang. Men det er aldrig for sent at lave om på det.

Jeg kan afsløre en personlig ting der hjalp mig: midt i et skænderi, der mest af alt var en konkurrence om hvem der kunne råbe højest, vendte jeg mig om og fik pludselig øje på mig selv i et spejl. Det syn glemmer jeg aldrig. En råbende kvinde med blussende kinder og forvrænget mund – aldrig har jeg været så grim. Og sjældent har jeg følt mig så skamfuld.

Men der kom noget positivt ud af det. Jeg lovede mig selv i det øjeblik, at sådan ville jeg ikke være mere. Så det spejl endte med at hjælpe mig på rette kurs. Og selv om der kom enkelte tilbagefald, så sad det syn så dybt i mig at jeg siden har haft en klart defineret grænse for hvor lavt jeg vil synke i kampens hede.

Det fungerer også på andre områder. Du kender selv dine mørke sider, og hvad de end handler om, kan du allerede nu gøre dig klart hvad du vil tillade dig selv. Det giver dit selvværd et enormt boost, når du ved med dig selv at du ikke længere vil være 100% i dine følelsers vold.

Lad det blive dit mål at have så lidt som muligt at fortryde eller skamme dig over. Det handler ikke om at du skal blive et perfekt menneske, og du skal heller ikke frygte at du vil få et kedeligt liv, hvis du skal sætte dig ovennævnte mål. Tværtimod.

Det handler om, at du vil få det bedre med dig selv. Skam og fortrydelse er tunge følelser at gå rundt med, og det kan kun gøre dit liv gladere, hvis du ikke skal tynges af dem.

Hvis du synes det er svært at finde ud af hvor du skal sætte dine grænser, så kig på en person du respekterer. Hvordan tackler vedkommende udfordringer? Kan du lære af det?

Spørg også dig selv, hvilket ry du kunne tænke dig at have. Vil du gerne kendes som en person der ikke lader sig provokere eller manipulere? Som ikke selv provokerer eller manipulerer andre? Vil du gerne respekteres af andre – og ikke mindst af dig selv? Selvrespekt er uløseligt forbundet med selvværd.

Hvis du har et smykke du er meget glad for, passer du på det. Du smider det ikke skødesløst på gulvet eller lader andre ødelægge det. Du vil lægge det fra dig på et sted hvor det ikke går i stykker eller kommer i berøring med noget der kan nedsætte værdien. Du kan passe på dig selv og dit ry på samme måde.

Hvorfor er dit ry så vigtigt? Fordi det er en form for kredit. Du vil blive vurderet af andre på baggrund af det. Så det kan være afgørende for om mennesker der har hørt om dig bliver til nye venner eller modstandere. Det kan også afgøre om du får det job du ønsker eller ej. I det hele taget har det stor indflydelse på din succes her i livet, så der er al mulig grund til at værne om det.

Det er en hjælp at have gode rollemodeller. Mennesker du kan se op til og lære af. De får dig til at stræbe efter at blive den bedst mulige udgave af dig selv.

Har du overvejet om du måske selv er en, andre ser hen til efter vejledning? Hvis du har børn, er du allerede rollemodel, hvad enten du føler dig klar til det eller ej. Det samme gælder hvis du har søskende.

Tænk over om dit eksempel får dem til at blive ansvarsbevidste, glade mennesker med et sundt selvværd? Det vil ske, hvis du selv har de egenskaber. Det er dem du arbejder dig hen imod lige nu! Klap dig selv på skulderen over at du er på rette vej.

**Arbejdspunkter:**

*Hvilke nedre grænser vil du sætte for dig selv?*

*Hvem er dine rollemodeller og hvorfor?*

*Hvem vil du gerne selv være rollemodel for?*

# Vælg de rigtige venner

"Sig mig hvem du omgås og jeg skal sige dig hvem du er". Du har sandsynligvis hørt den udtalelse før. Det er sandt at ens valg af venner siger meget om hvem man er. Det er svært at forestille sig en ambitiøs stræber hænge ud med folk som er fuldt tilfreds med ikke at udvikle sig.

Årsagen er simpel: vi spejler os i vores venner og vi danner os ubevidst en fælles identitet. Selv hvis du synes at din vennekreds består af meget forskellige individer – ligesom min – så vil du kunne finde en masse I har til fælles.

Mange af vores venner har vi fået mere eller mindre tilfældigt. Det kan være vi er kolleger eller skolekammerater eller naboer. Det giver os nogle fælles referencer og kan være basis for fælles hygge.

De dybe venskaber tager tid at opdyrke, og der har vi noget mere grundlæggende til fælles, for eksempel holdninger, livsværdier, mål osv.

Venner kan gøre det lettere eller sværere at nå vores mål: at blive den bedst mulige udgave af os selv og dermed få det bedst mulige liv.

Hvis du gennemgår dine venner, kan du så udpege dem der får det bedst mulige frem i dig? Det vil sandsynligvis være mennesker du respekterer og beundrer. Personer som selv har mål i livet og som inspirerer dig til at sætte nogle sunde mål selv. Gør dit bedste for at bevare deres venskab.

Måske vil du opdage at der er andre som trækker dig ned. Mennesker som altid kan finde en negativ vinkel på begivenheder og som næres af misundelse og bitterhed. Du kan vælge to muligheder: at sortere dem fra, så de ikke trækker dig ned, eller at beholde dem som venner i håbet om at du kan løfte dem op.

Hvad du vælger, er helt din beslutning. Måske kan du virkelig inspirere dem til at løfte blikket fra navlehøjde og vokse i modenhed. I så fald har du gjort jer begge en tjeneste.

I nogle tilfælde vælger du måske at bevæge dig ud af deres negative zone, fordi du erkender, at de ikke er klar til at vokse og at du bliver trukket ned af dem. Hvis det er dit valg, så gør det med venlighed. Fortæl dem ærligt, at du har besluttet at ændre på nogle ting i dit liv, og at du derfor har brug for at omgive dig med mennesker med tilsvarende mål. Men giv dem mulighed for at følge med, hvis de er parate til det. Hvordan du end vil formulere det, så lad dem beholde værdighed og selvrespekten, og lad være med at brænde broer.

Hvis du virkelig er parat til at arbejde hen imod positive mål, bliver det sjældent nødvendigt at frasortere venner. De fleste vil enten flytte sig sammen med dig eller helt af sig selv trække sig.

Hvis du opdager at størstedelen af dine venner hindrer dig i at udvikle dig, så har du lært noget vigtigt om dig selv. Vi tiltrækkes oftest af mennesker der ikke kræver meget at være sammen med, hvilket vil sige at de holder os der hvor vi er.

*Hvis dit selvværd er meget lavt, så omgiver du dig måske med mennesker der ikke har særligt høje tanker om dig.*

Det er noget af en påstand! Din familie og dine venner elsker dig uden tvivl, men som jeg har været inde på tidligere, så kan kærlighed nogle gange være nedbrydende. Hvis deres kærlighed kommer til udtryk i endeløs kritik og nedladende bemærkninger eller mangel på interesse for dit liv og dine meninger, så er det ikke et sundt og opbyggende forhold I har.

Hvis du erkender at det er tilfældet, betyder det så at du skal droppe din familie og dine venner? Nej. Men det betyder at du skal lære dig selv at sætte grænser for dem.

Hvis du har en ven du holder meget af, så vil du næppe tillade andre at nedgøre ham eller direkte at såre og angribe ham. Du vil forsvare ham og prøve at få ham ud at situationen. Hvis du skal få mere selvværd, må du nødvendigvis gøre det samme for dig selv.

Det lyder meget skræmmende at skulle stoppe negativ opførsel fra dem der er tæt på dig. Men følgerne af ikke at gøre det, vil være værre.

Jeg har selv haft nedbrydende mennesker i mit liv som ofte overtrådte min grænser og fik mig til at føle mig lille og værdiløs. Det kom til et punkt hvor jeg havde svært ved at se de personer i øjnene, helt bogstaveligt. Derved voksede de i min bevidsthed og kom til at fylde så meget, at det var en pine for mig at være i samme rum som dem.

En klog ven opfordrede mig til at tage mod til mig og se dem direkte i øjnene. Da jeg prøvede det, opdagede jeg noget næsten magisk: de skrumpede! De fyldte ikke længere alt for meget i min bevidsthed, men blev reduceret til mennesker jeg kunne overskue. Det førte til at jeg turde sige fra, når de kom med negative kommentarer. Og som det er tilfældet med de fleste andre bøller, så blev de meget overraskede over at jeg ikke bare lod dem nedgøre mig. Faktisk blev de så overrumplede at kritikken blev skruet ned til et niveau jeg kunne håndtere.

Det er ikke altid det går så let, det er jeg klar over. I hvert enkelt tilfælde må du vurdere om forholdet er så ødelæggende, at du bliver nødt til at afbryde det. Eller om der er håb om bedring på sigt.

Når du skal arbejde på et bedre selvværd, kan gode venner være en kæmpe hjælp. Derfor kan du have som mål at finde venner blandt folk du kan se op til.

Som nævnt tidligere, vælger vi tit venner som er på niveau med os selv, så det vil kræve en indsats af dig at tiltrække personer som kan hjælpe dig med at vokse. Men så længe du arbejder mod et mål om at udvikle dig, så vil andre tydeligt kunne fornemme det, og så vil der være basis for at I kan vokse sammen.

**Arbejdspunkter:**

*Hvilke venner har du der inspirerer dig?*

*Har du venner som du må sige fra over for?*

*Hvordan kan du sige fra på en venlig måde?*

Jeg håber du kan bruge nogle af rådene i denne bog. Dit selvværd er en meget vigtig ingrediens i et godt og glædesbringende liv.

Som sagt kan du have brug for flere ressourcer, så du kan nå dine mål. Men du har allerede taget et stort skridt mod et sundt selvværd. Vær ikke bange for at det bliver for svært eller kommer til at gøre for ondt at flytte dig.

Jeg lover dig at det vil være det hele værd.

www.annettedollard.com

www.facebook.com/annettedollardforfatter

www.instagram.com/annettedollard

Tak til de følgende:

Street Art fotos, taget af:

Shamia Casiano

Rawpixel.com

Luis Clas

Loe Moshkovska

Kh Falk

Burak Kebapci

Portræt af forfatteren, taget af:

Poze

Korrektur og redigering:

Margot Settergren

© 2018 – Annette Dollard
Forlag: Books on Demand – København, Danmark
Fremstilling: Books on Demand – Norderstedt, Tyskland
Bogen er fremstillet efter on-Demand-proces

ISBN 978-87-4300-264-2